7 Future Predictions by Dr. Henry Kissinger

7つの近未来予言
ヘンリー・キッシンジャー博士

RYUHO OKAWA
大川隆法

本霊言は、2016年9月17日、幸福の科学 特別説法堂にて、
公開収録された(写真上・下)。

ヘンリー・キッシンジャー博士
７つの近未来予言

7 Future Predictions by Dr. Henry Kissinger

序文

　本霊言が収録された後、ドナルド・トランプ氏とヒラリー・クリントン氏の直接のディベイト対決が三回なされた。米国マスコミの大方の報道では、ヒラリー氏の三連勝で、米大統領選への民意は、アメリカ初の女性大統領の誕生に向けて大きく前進している。

　一方、十月に北京を訪問したフィリピンのドゥテルテ大統領は、南沙諸島に関する国際司法裁判所の判決など、ただの四角い紙切れにしか過ぎない、と述べて、法の支配の樹立による国際正義の実現を目指すアメリカと日本の外交努力を空しいものとした。少なくとも各国からの援助引き出しのため問題の解決を棚上げした。オバマ外交は、中国の習近平氏、ロシアのプーチン氏に続き、フィリピン大統領にも弱腰に見えている。その後継者たるヒラリー・クリントン大統領が覇権大国としてのアメリカ合衆国を維持できるかは、疑問である。

(English Translation)
Preface

After this spiritual message was recorded, Mr. Donald Trump and Ms. Hillary Clinton had three direct debate battles. According to most American mass media, Ms. Hillary won three times in a row, and the public opinion of the U.S. presidential election is moving greatly toward the birth of the first female U.S. president.

On the other hand, President Duterte of the Philippines visited Beijing in October and stated that the judgment by the International Court of Justice on the Spratly Islands issue is just a piece of paper with four corners. America and Japan made diplomatic efforts to realize international justice by establishing the rule of law, but he made them meaningless. At least, he avoided solving the problem in order to get aids from other countries. The Obama diplomacy is also weak from the viewpoint of the Filipino president, in addition to Mr. Xi Jinping of China and Mr. Putin of Russia. I'm not

合衆国が民主主義の大義に殉じて、世界のスーパーパワーから覇権国の一つに落ちていくのが歴史の運命なら、それも仕方あるまい。

　本書のヘンリー・キッシンジャー博士守護霊予言の大半は、彼の希望的観測でもあるので、歴史的な考察文献として読まれるべきだろう。

　問題は日本自身が、半主権国家から、主権国家へと変身し切れるかどうかだ。
　本書が、それを考えるための材料となることを祈る。

2016 年 10 月 25 日
幸福の科学グループ創始者兼総裁
大川隆法

sure if his successor, President Hillary Clinton, would be able to maintain the United States as a hegemonic power.

If the United States sacrifices itself for the cause of democracy, falls from the world's super power and becomes one of the hegemonic nations, then it shall be America's destiny in world history.

Most of the predictions in this book, the spiritual messages from the guardian spirit of Dr. Henry Kissinger, is his hopeful view, so this book should be read as a historical document.

The problem is if Japan can change completely from a half-sovereign nation to a sovereign nation, or not.

I wish this book will become a textbook on this issue.

Oct. 25, 2016
Master and CEO of Happy Science Group
Ryuho Okawa

Contents

Preface 3

1 Welcoming the Guardian Spirit of Kissinger, a Renowned Expert in International Politics 14

2 Future Prediction Part 1: the U.S. Presidential Election 22

3 Future Prediction Part 2: the North Korean Issue 30

4 Future Prediction Part 3: China and Hong Kong 40

5 Future Prediction Part 4: a War between the U.S. and China? 52

6 Future Prediction Part 5: Russian Affairs 56

7 Future Prediction Part 6: Islamic Countries 58

8 Future Prediction Part 7: the Future of the EU 68

9 Born as a Female Prophet in Ancient Greece 72

10 A Skilled Planner in the Age of the Three Kingdoms in China 78

* This spiritual interview was conducted in English. The Japanese text is a translation added by the Happy Science International Editorial Division.

目　次

序文 ……………………………………………………………… 2

1　国際政治学の泰斗、キッシンジャー守護霊登場 …… 15

2　近未来予言①　米大統領選 ……………………………… 23

3　近未来予言②　北朝鮮問題 ……………………………… 31

4　近未来予言③　中国と香港 ……………………………… 41

5　近未来予言④　米中戦争は、あり得るのか ………… 53

6　近未来予言⑤　ロシア情勢 ……………………………… 57

7　近未来予言⑥　イスラム諸国 …………………………… 59

8　近未来予言⑦　EUの将来 ……………………………… 69

9　古代ギリシャの女性預言者として生まれていた …… 73

10　中国では三国志時代の戦略家として活躍 …………… 79

※本書は、英語で収録された霊言に和訳を付けたものです。

This book is the transcript of spiritual messages given by the guardian spirit of Dr. Henry Kissinger.

These spiritual messages were channeled through Ryuho Okawa. However, please note that because of his high level of enlightenment, his way of receiving spiritual messages is fundamentally different from other psychic mediums who undergo trances and are completely taken over by the spirits they are channeling.

Each human soul is made up of six soul siblings, one of whom acts as the guardian spirit of the person living on earth. People living on earth are connected to their guardian spirits at the innermost subconscious level. They are a part of people's very souls and therefore, exact reflections of their thoughts and philosophies.

It should be noted that these spiritual messages are opinions of the individual spirits and may contradict the ideas or teachings of the Happy Science Group.

本書は、ヘンリー・キッシンジャー博士の守護霊の霊言を収録したものである。

　「霊言現象」とは、あの世の霊存在の言葉を語り下ろす現象のことをいう。これは高度な悟りを開いた者に特有のものであり、「霊媒現象」（トランス状態になって意識を失い、霊が一方的にしゃべる現象）とは異なる。

　また、人間の魂は6人のグループからなり、あの世に残っている「魂の兄弟」の1人が守護霊を務めている。つまり、守護霊は、実は自分自身の魂の一部である。

　したがって、「守護霊の霊言」とは、いわば、本人の潜在意識にアクセスしたものであり、その内容は、その人が潜在意識で考えていること（本心）と考えてよい。

　ただ、「霊言」は、あくまでも霊人の意見であり、幸福の科学グループとしての見解と矛盾する内容を含む場合がある点、付記しておきたい。

7 Future Predictions by Dr. Henry Kissinger

September 17, 2016
Special Lecture Hall, Happy Science
Dr. Henry Kissinger's Prediction of the Future

ヘンリー・キッシンジャー博士
７つの近未来予言

2016年9月17日　幸福の科学 特別説法堂にて
ヘンリー・キッシンジャー博士の未来予言

Henry Alfred Kissinger (1923~)

A German-born American and an international political scientist. Received his doctorate from Harvard University and was appointed as a member in its Center for International Affairs. Kissinger served as the assistant to the president for national security affairs and the secretary of state, for both Nixon and Ford administrations, promoting reconciliation between the U.S. and China as well as the détente policy between the U.S. and Russia. After resigning from such roles, Kissinger was then appointed to Georgetown University's Center for Strategic and International Studies (CSIS). Received the Nobel Peace Prize in 1973 for his contributions to end the Vietnam War. He has written many books and made many speeches, and has significant international influence even now.

Interviewers from Happy Science

Kazuhiro Ichikawa

> Senior Managing Director
> Chief Director of International Headquarters

Yuta Okawa

> Managing Director, Deputy Chief of CEO's Office
> Religious Affairs Headquarters, Advisor of General Headquarters,
> Activity Promotion Strategist of Political Headquarters,
> Activity Promotion Strategist of International Headquarters

Hanako Cho

> Deputy General Manager of Second Editorial Division

※ Interviewers are listed in the order that they appear in the transcript.
 The professional titles represent the position at the time of the interview.

ヘンリー・アルフレッド・キッシンジャー（1923 －）

ドイツ生まれのアメリカの国際政治学者。ハーバード大学で博士号を取得し、同大学の外交政策担当教授に就任。ニクソン、フォード両政権で、国家安全保障問題担当大統領補佐官、国務長官を務め、米中和解や米ソのデタント（緊張緩和）政策を推進した。退任後はジョージタウン大学戦略国際問題研究所（CSIS）に招かれる。1973 年、ベトナム戦争終結への貢献によりノーベル平和賞を受賞。著書、講演なども多く、現在も大きな国際的影響力を有している。

質問者（幸福の科学）

市川和博（幸福の科学専務理事　兼　国際本部長）

大川裕太（幸福の科学常務理事　兼　宗務本部総裁室長代理　兼　総合本部アドバイザー　兼　政務本部活動推進参謀　兼　国際本部活動推進参謀）

長華子（幸福の科学第二編集局担当部長代理）

※質問順。役職は収録当時のもの。

1 Welcoming the Guardian Spirit of Kissinger, a Renowned Expert in International Politics

Kazuhiro Ichikawa Today, Master Ryuho Okawa will give us a spiritual message entitled, "Dr. Henry Kissinger's Prediction of the Future."

Ryuho Okawa OK. Dr. Henry Kissinger is still alive, so [*laughs*] we must say it's the opinion of the guardian spirit of Dr. Henry Kissinger. He is 93 years old, but still alive; very famous in foreign affairs. We are in the age of turbulence, so we can get the historical documents from a lot of ways, but now, we just want to get the prediction regarding today, tomorrow, the near future, and so on.

This is not a matter with the academic field. But we are a religion, so it will be permissible for us to deal with this matter. I'll just call his guardian spirit, so would you give me some questions? It might be

1　国際政治学の泰斗、キッシンジャー守護霊登場

市川和博　本日は大川隆法総裁先生より、「ヘンリー・キッシンジャー博士の未来予言」と題して霊言を賜ります。

大川隆法　はい。ヘンリー・キッシンジャー博士はまだ生きておられますので（笑）、「ヘンリー・キッシンジャー博士の守護霊の意見」と言わないといけません。93歳になられますが、まだご健在で、国際情勢の分野で大変ご高名な方です。現代は乱気流の時代であり、歴史的資料を入手する手段は様々にありますが、今回は、今日の世界や明日の世界、近未来に関する未来予測などが手に入ればと思います。

　学問からは外れますが、当会は宗教ですので、こうしたテーマを扱うことも許されるでしょう。彼の守護霊を呼んでみますので質問してみてください。テーマとしては難しく、高度で複雑ですので、シンプルな質問のほうがいいか

better to ask him the simple questions because the matter is very difficult, sophisticated and complicated. So, the audience would feel that it's very difficult for them to understand. We just want to know the simple conclusion or simple prediction of his. It would be helpful for the world or for the world politicians, bureaucrats, businessmen or scholars, like that. We just want to know the simple conclusion. So, be careful. Don't let him hesitate to say correctly, straightly, or bravely. OK? Then, we'll try.

Then, we'd like to summon the guardian spirit of Dr. Henry Kissinger. The guardian spirit of Dr. Henry Kissinger, would you come down here and answer our questions? Dr. Kissinger, Dr. Kissinger, the guardian spirit of Dr. Kissinger.

Kissinger's Guardian Spirit Ah… ah…

Ichikawa Good afternoon.

1　国際政治学の泰斗、キッシンジャー守護霊登場

と思います。聴いている方が難しくて分からないと感じそうですので、「シンプルな結論や予測」さえ聞き出せれば結構です。世界中の人々にとって、各国の政治家や官僚、ビジネスパーソンや学者などにとって参考になると思います。シンプルな結論さえ聞ければいいので、彼が正しく、率直かつ大胆に発言しにくくならないよう、気をつけてください。よろしいですか。では始めましょう。

　それでは、ヘンリー・キッシンジャー博士の守護霊をお呼びしたいと思います。ヘンリー・キッシンジャー博士の守護霊よ、ここに降りたまいて、私たちの質問にお答えください。キッシンジャー博士、キッシンジャー博士、キッシンジャー博士の守護霊よ。

キッシンジャー守護霊　ああ……ああ……。

市川　こんにちは。

1 Welcoming the Guardian Spirit of Kissinger, a Renowned Expert in International Politics

Kissinger's G.S. Ah, good afternoon.

Ichikawa First, I would like to confirm; are you the guardian spirit of Dr. Henry Kissinger?

Kissinger's G.S. This is the second time?*

Ichikawa Thank you very much for your second visit to Happy Science. Today, we would like to ask about the future of the world.

1　国際政治学の泰斗、キッシンジャー守護霊登場

キッシンジャー守護霊　ああ、こんにちは。

市川　まず確認させていただきますが、ヘンリー・キッシンジャー博士の守護霊様でいらっしゃいますか。

キッシンジャー守護霊　二度目になりますかね（注）。

市川　幸福の科学に二度目のご訪問をいただき、ありがとうございます。本日は、世界の未来についてお伺いしたいと思います。

（注）2010年8月19日、キッシンジャー氏の守護霊霊言を日本語で収録した（『世界の潮流はこうなる』〔幸福実現党刊〕第2章所収）。
★ Happy Science previously recorded a spiritual message from the guardian spirit of Kissinger, in Japanese, on August 19, 2010. (Chapter 2 of *Sekai no Choryu wa Kou naru* [The World Will Follow This Trend], Tokyo: Happiness Realization Party, 2010.)

1 Welcoming the Guardian Spirit of Kissinger, a Renowned Expert in International Politics

Kissinger's G.S. If you are more patient, you can receive the real spiritual prediction from Dr. Kissinger. But I'm just the guardian spirit. Is it OK? Enough?

Ichikawa Yes, yes, of course. It's an honor for us.

Yuta Okawa Welcome to Happy Science. This is...

Kissinger's G.S. Are you his [Ryuho Okawa's] son?

Yuta Okawa I'm the third son of Master Ryuho Okawa. I'm majoring in international politics.

Kissinger's G.S. International politics? It's too difficult!

Yuta Okawa It's the same field as yours. So, this is a very precious time for me. Mr. Yoshiki Hidaka is the only Japanese who can directly ask you in this world, so

1　国際政治学の泰斗、キッシンジャー守護霊登場

キッシンジャー守護霊　もう少し待ってもらえば、キッシンジャー博士本人の霊から予測が聞けますけどね。私は守護霊ですが、よろしいんでしょうか。

市川　はい、ええ、もちろんです。光栄に存じます。

大川裕太　ようこそ幸福の科学にお越しくださいました。今回は……。

キッシンジャー守護霊　（大川総裁の）息子さんですか。

大川裕太　大川隆法総裁先生の三男です。現在、国際政治学を専攻しております。

キッシンジャー守護霊　国際政治学？　それはまた難しいですね！

大川裕太　あなたと同じ分野ですので、私にとっては、たいへん貴重な時間です。日本人であなたに直接質問できるのは世界中で日高義樹氏だけですので、たいへん貴重な機

it's a very precious opportunity for us.

Kissinger's G.S. OK, OK, and cheap!

Yuta Okawa I'm sorry.

Kissinger's G.S. OK.

2 Future Prediction Part 1: the U.S. Presidential Election

Ichikawa My first question is quite simple. What is your hottest issue in your mind regarding the future?

Kissinger's G.S. Maybe the next presidency.

Ichikawa Do you mean the presidential election in the

会をいただきました。

キッシンジャー守護霊　オーケー、オーケー。しかも〝格安〟でね！

大川裕太　申し訳ありません。

キッシンジャー守護霊　構いませんよ。

2　近未来予言①　米大統領選

市川　最初に私から、非常にシンプルな質問をさせていただきます。未来に関して、いちばん注目されている問題は何でしょうか。

キッシンジャー守護霊　次期大統領ですかね。

市川　アメリカ合衆国の次期大統領選ですか。

United States of America?

Kissinger's G.S. Yeah, yeah, sure.

Ichikawa Could you share your opinion about that?

Kissinger's G.S. It's risky. But the world will change in accordance with the conclusion. The prediction is very difficult because we have two more months. So, no one can predict exactly what will happen during these two months. Now, we are caring for the health condition of Hillary Clinton and of course, also, Mr. Donald Trump. They are younger than me, but still, they are around 70 years old. It depends. But now, I guess Donald Trump would be stronger than Hillary Clinton.

Ichikawa So, do you mean that Mr. Trump will become the president?

キッシンジャー守護霊　はい、はい、もちろん。

市川　それに関するご意見をお聞かせいただけますでしょうか。

キッシンジャー守護霊　リスクはありますが、その結果次第で世界が変わるでしょうね。まだ２カ月あるので、予測は非常に困難です。この２カ月で何が起きるか正確に予測できる人はいません。今、われわれが懸念しているのはヒラリー・クリントンの健康状態です。ドナルド・トランプ氏もですが。二人とも私よりは若いけれど、それでも70歳前後ですからね。状況次第ですが、現時点ではドナルド・トランプのほうがヒラリー・クリントンより強いだろうと見ています。

市川　トランプ氏が大統領になるということでしょうか。

Kissinger's G.S. I think so.

Ichikawa What will happen to the United States?

Kissinger's G.S. He will really realize the change. This word *change*, you already heard this word from Barack Obama eight years ago. His change means the declining of the United States. But Mr. Donald Trump would change the meaning of *change* to a stronger meaning direction.

So firstly, you'll feel that he wants to be an isolator of the world, but it will be a misunderstanding. He is waiting for the next chance of recovery of the hegemonic country of the United States of America. So, in this point only, we can rely on him. He will regain and start the strong America, and people will feel that within two years or so, America is becoming hegemonic, and people of America will find America is stronger than China and Russia. I guess so.

キッシンジャー守護霊　そう思いますよ。

市川　アメリカはどうなるでしょうか。

キッシンジャー守護霊　トランプは本当に「チェンジ」を実現するでしょう。この「チェンジ」という言葉は、すでに８年前にバラク・オバマから聞きましたが、彼の「チェンジ」はアメリカの「衰退」という意味です。けれどもドナルド・トランプ氏は、「チェンジ（変化）」の意味を、もっと力強いものに変えるでしょう。

　初めのうちは、彼が世界から孤立しようとしているように感じられると思いますが、それは誤解でしょうね。彼は、「覇権国アメリカ」の次なる復活のチャンスを待ってるんです。この点に限っては彼を信頼できます。トランプは「強いアメリカ」を取り戻し、始動させるでしょう。２年かそこらで、アメリカが覇権国になってきたと感じられるようになり、米国民は、アメリカが中国やロシアより強くなったことに気づくだろうと思います。

2 Future Prediction Part 1: the U.S. Presidential Election

Yuta Okawa I would like to ask you about that. Actually, most American political thinkers point out that the opinion of Donald Trump is very close to traditional Monroeism*. Some people say this is a symbol that America started to decline. In other words, America started to discard its mission to rule the world. What is the difference between Monroeism and Trump's real opinion?

Kissinger's G.S. Monroeism of, for example, the liberalist is to just show the tendency of the declining trend of the U.S., but Monroeism of Mr. Donald Trump is quite different. He felt some kind of weakness from Mr. Barack Obama. He…in another meaning, do you know the word *withdraw*? He is the man of withdrawing. It means a man who faces the dangerous situation, but turns back and runs away. Barack Obama

---

* A U.S. foreign policy declared by James Monroe (served 1817-1825), the fifth president of the United States. It stated that the European countries and the U.S. shall no longer interfere with each other's affairs.

2　近未来予言①　米大統領選

大川裕太　その点についてお伺いしたいのですが、実際、アメリカの政治学者の多くは、ドナルド・トランプの意見は伝統的なモンロー主義（注）に非常に近いと指摘しています。「それは、アメリカが没落し始めたことの象徴である」と言っている人もいます。アメリカは世界を治める使命を投げ出し始めたというわけです。「モンロー主義」と「トランプの真意」は、どこが違うのでしょうか。

キッシンジャー守護霊　例えば、リベラリストたちのモンロー主義は、アメリカの没落傾向を示すものに過ぎません。しかしドナルド・トランプ氏のモンロー主義は、まったく別物です。彼はバラク・オバマ氏に、ある種の「弱さ」を感じたんです。別の言い方をすれば、「withdraw（撤退）」という言葉はお分かりですか。オバマは「撤退主義者」です。危機的状況に直面すると背中を見せて逃げ出すという意味ですよ。バラク・オバマという人はそういう人です。

（注）第5代アメリカ合衆国大統領ジェームズ・モンロー（在職1817-1825）によるアメリカの外交方針。ヨーロッパとアメリカの相互不干渉を提唱した。

is such kind of person.

But Donald Trump is quite different. His isolation is quite different. For example, it might be a black joke or not, I don't know exactly, he wants to build a long wall between Mexico and the United States. It doesn't mean the weakness of the United States, it's a strongness of the United States. He hates the outlaw type of people. Even though America is the country of immigrants, he hates the outlaw type of immigrants. It just indicates his strongness. I mean, he is strong. So, the direction of isolation is quite different. I think so.

3 Future Prediction Part 2: the North Korean Issue

Hanako Cho It's really an honor to ask you questions today. I'm a journalist for *The Liberty* magazine.

しかし、ドナルド・トランプは大違いです。彼の孤立はまったく別物です。例えば、悪い冗談なのかどうか知りませんが、彼はメキシコとアメリカの間に長い壁を築こうとしていますね。これはアメリカの「弱さ」ではなく、アメリカの「強さ」を意味しているんです。トランプは無法者タイプの人間が嫌いなんです。アメリカは移民の国ではありますが、彼は不法入国者が嫌いなんです。これは、彼の「強さ」を示すものに他なりません。「彼が強い」ということですよ。ですから孤立といっても、方向性がまったく異なると思いますね。

3　近未来予言②　北朝鮮問題

長華子　本日はご質問させていただくことができ、本当に光栄です。私は雑誌「ザ・リバティ」のジャーナリストです。

Kissinger's G.S. Aha.

Cho How will…

Kissinger's G.S. Journalist! Oh! Be careful.

Cho [*Laughs.*] I'm sorry. How will Donald Trump deal with North Korea, since Japanese people are threatened by North Korea? We have an existential threat.

Kissinger's G.S. Ah, OK, OK, OK. You just say Japan should protect herself by her own army. It means, "Please change the self-defense army into just the ordinary defense army of the world. And just think like the defense army thinks," like that. Common countries should think about how to protect their own country. Japan should think like that firstly.

Secondly, if Japan is at the end of the crisis, he will do his best and attack North Korea completely, so there

3　近未来予言②　北朝鮮問題

キッシンジャー守護霊　そうですか。

長　どうすれば……。

キッシンジャー守護霊　ジャーナリスト！　ああ！　気をつけないと。

長　（笑）すみません。ドナルド・トランプは北朝鮮にどう対処するでしょうか。日本人は北朝鮮の脅威のもとにありますので。存亡にかかわる脅威です。

キッシンジャー守護霊　ああ、はい、はい、はい。「日本は自分の軍隊で自分の国を守るべきだ」というだけのことですよ。要するに、「自衛隊を、世界の通常の軍隊に変えてください。国防軍ならこう考えるというのと、同じ考え方をしてください」というようなことです。普通の国は、自分の国をどう守るかを考えないといけないわけで、日本も、まずはそう考えないといけません。

　次に、もし日本が最終的な危機を迎えたら、トランプは全力で北朝鮮を完膚なきまでに叩きますよ。その点は疑問

is no question about that. He would do that. But firstly he insists, "You don't have," *you*, I mean the Japanese people, don't have "rights to be saved by the United States. Instead of that, please do your best firstly. After that, please ask us, the United States, to save Japan. It's a second situation." I guess so.

He is a strong person, so he, himself, would like to think that if America, the United States acts like monster parents of a child, for example, and says strongly to North Korea firstly, it's overly rude to Japanese people. Japanese people should insist their own opinion to North Korea. If the foreign affairs make a difficult situation, for example, the confusion with the Chinese army or the Russian army or like that, at that time, he will do something or say something to you, but firstly, you should defend yourself, by yourself, for yourself. He asks you and desires you to do so.

Yuta Okawa Actually, the United States and Japan are seeking much of sanctions against North Korea in the

3　近未来予言②　北朝鮮問題

の余地なしです。やるでしょう。ただ、まずはトランプは、こう主張します。「あなたがた日本人は、アメリカに救ってもらう権利があるわけではない。そうではなく、まずは自分たちで、やるだけのことをやってください。アメリカに救いを求めるのは、その後にしてください。それは第二段階です」と。そう言うでしょうね。

　彼は強いので、例えば、「アメリカが過保護な親のような顔をして、自分から先に北朝鮮に対して強く言ったりするのは、日本人に対してあまりに失礼だ」と考えると思います。日本人は北朝鮮に対して、自分の意見を主張すべきです。もし国際情勢が難しくなって、例えば中国軍やロシア軍と混乱が起きたりしたら、その時はトランプのほうから日本に何かをしたり何かを言ってきたりすると思いますが、まずは、自分の国は自分で、自力で守らなければ駄目です。彼はそう頼んできますし、それを望んでいます。

大川裕太　実際、北朝鮮に対する制裁については、アメリカと日本が六カ国協議で強く求めています。中国、ロシア、

3 Future Prediction Part 2: the North Korean Issue

Six-Party Talks between China, Russia, South Korea, Japan, United States and North Korea itself. But the United States and Japan can't act by themselves because China is behind North Korea. China and North Korea are in a so-called "lip-teeth" relation*, which is a well-known fact. As long as China supports North Korea, the United States can't intervene on North Korea. How can we solve this problem practically?

Kissinger's G.S. It's not so difficult. It depends on the Japanese attitude about North Korea and China. You think about, for example, the profit and the cost. If the ministry of foreign affairs of China thinks about the cost and the profit regarding North Korea, there must be some limit, as I see.

Firstly, they will say something to Japan, the U.S., Russia, the Philippines, Taiwan, or Vietnam. They will

---

* Comes from the Chinese proverb meaning, "If the lips are gone, the teeth will be cold." Mao Tse-tung used this phrase to express the China-North Korea relations to Kim Il-sung during the Cold War era. The logic behind the phrase is, "China must save North Korea because without it, China would be in jeopardy."

韓国、日本、アメリカ、そして北朝鮮も入った六カ国協議ですが、北朝鮮の後ろには中国がいるので、アメリカも日本も独自の行動を取ることができません。中国と北朝鮮が、いわゆる「唇歯の関係（注）」で密接に結びついていることは周知の事実です。中国が北朝鮮を支援している限り、アメリカは北朝鮮に介入できません。この問題はどうすれば現実的に解決していけるでしょうか。

キッシンジャー守護霊　別に難しいことはないでしょう。北朝鮮と中国に対する日本人の出方次第ですよ。例えば、「利益」と「コスト」の問題です。中国外交部が北朝鮮に関するコストと利益を考えれば、限界が出てこざるを得ないと見ています。

　最初は日本やアメリカ、ロシア、フィリピン、台湾、ベトナムに何か言ってくるでしょうが、いろいろ言ってきて

（注）中国に「唇亡歯寒」との故事成句があり、「唇がなくなれば歯が寒くなる」の意。東西冷戦時代、毛沢東が北朝鮮の金日成に対し、両国の同盟関係をこの言葉を用いて表現した。「北朝鮮がなければ中国の安全が危機にさらされるため、中国は北朝鮮を助けなければならない」との論理。

3 Future Prediction Part 2: the North Korean Issue

speak a lot, but they really don't want to conduct their army into the next cold war or next hot war because of the huge trade amount between the U.S. and China and between Japan and China. At last, they will leave North Korea alone. And North Korea must obey the voices of the world, in the end.

Between this period, I think it's five years or ten years, Japan must change its attitude and should become a stronger country, and from 12-year old child* to 20-year old adult. At that time, the problem will be solved by itself. I think so. North Korea is a small country. They have, of course, missiles and in the near future may have the nuclear missiles, but if North Korea uses that kind of nuclear missiles, it means the death of that country. I think so.

Ichikawa Then, can Kim Jong-un keep his North Korean regime in the future?

* After ruling the U.S.-occupied Japan and returning to the U.S., the former Supreme Commander for the Allied Powers Douglas MacArthur described the Asian country in a congressional hearing by the Senate Armed Services and Foreign Relations Committees, "Measured by the standards of modern civilization, they would be like a boy of 12 as compared with our development of 45 years."

3　近未来予言②　北朝鮮問題

も、中国はアメリカとも日本とも巨額の貿易を行っていますので、本気で「新たな冷戦」や「熱い戦争」を始めるつもりはないんです。最後は北朝鮮を見放すでしょう。最終的には北朝鮮は、世界の声に従わなければならなくなります。

その間、おそらく5年から10年の間に、日本も態度を変えて、もっと強い国にならないといけません。12歳の子供（注）から20歳の大人にならないと。そうなれば、問題は自ずと解決するでしょう。北朝鮮は小さな国ですから。確かにミサイルはあるし、近い将来、核ミサイルも持つかもしれませんが、もし核ミサイルを使えば、それが北朝鮮の最期になるでしょうね。

市川　では、将来的には金正恩は北朝鮮の政権を維持できるのでしょうか。

（注）占領下の日本を統治した元連合軍最高司令官ダグラス・マッカーサーは、1951年5月に開かれたアメリカ上院議会の軍事外交共同委員会で、日本について、「現代文明を基準とすれば、私たち（アングロサクソン）が45歳に達しているのと比較して日本人は12歳の少年のようなものである。」と発言した。

Kissinger's G.S. He will be killed in the near future.

Ichikawa He will be killed?

Kissinger's G.S. By his own nation, by the CIA, or by the Chinese army, or like that.

4 Future Prediction Part 3: China and Hong Kong

Ichikawa Thank you. Next to North Korea is China. Could you tell us the future of China?

Kissinger's G.S. It's a gigantic empire-to-be, so no one can resist against their trend. We must accept their gigantic empire, and think about how to deal with this gigantic empire, how to coexist in this world, on this earth. In our history, we sometimes have the new growth of a gigantic empire. It's a realm of God, so

キッシンジャー守護霊　近いうちに殺されるでしょうね。

市川　殺されますか。

キッシンジャー守護霊　自分の国民か、CIAか中国軍かどこかにやられるでしょう。

4　近未来予言③　中国と香港

市川　ありがとうございます。北朝鮮の隣には中国があります。中国の未来について教えていただけますか。

キッシンジャー守護霊　中国は「巨大帝国」になるでしょうし、そのトレンドには抗えません。この巨大帝国を受け入れ、どう対処するかを考えるしかありません。この世界で、地球上で、どう共存していくか。歴史上、新たな巨大帝国が興ってくることがありますが、ここは「神の領域」ですので、その流れは容易には変え難いものなんです。国

we cannot easily change the trend. But sometimes a country becomes a great one and sometimes it declines or sometimes it produces some prosperity around the world. It depends.

At this time, I cannot predict the conclusion. But these 20 or 30 years in the near future, the gigantic empire will be the great power. No one can stop it. So you, Japanese people, and the countries of Asia should talk with China and aim at realizing an EU-like group in Asia. I hope so.

Yuta Okawa Historically, when you were National Security Advisor, you started the normalization of the

は強大化することもあれば没落することもある。世界に繁栄をもたらすこともある。いろいろです。

　現時点で結論を予測することはできませんが、今後20〜30年でこの巨大帝国が「超大国」になることは止めようがありません。あなた方日本人やアジア諸国は中国と話し合って、アジアにEUのようなグループを創ることを目指すべきでしょうね。そうなるのが望ましいと思います。

大川裕太　歴史を振り返ると、あなたが国家安全保障担当補佐官でいらした時、米中国交正常化（注）に手をつけら

　（注）第二次世界大戦後、アメリカは中華民国を支持して中華人民共和国を承認していなかったため、二国は長らく対立関係にあったが、1971年のキッシンジャーによる中国極秘訪問（写真左）、さらに翌年のニクソン大統領の中国訪問を経て、カーター大統領の1979年に国交正常化が実現した。
★ The U.S. and China had been in a conflicting relationship for a long time since the end of World War II because the U.S. recognized Taiwan but not China. However, through Kissinger's secret visit to China in 1971 (photo left) and President Nixon's visit to China in 1972, the two countries normalized their relations in 1979 during the time of President Carter.

national relationship between the United States and China*. From the viewpoint of today, that was the key point in history, I think. From this point on, the United States supported China to make it a rival against the Soviet Union or Japan. You also talked with Mao Tse-tung and said something like, "In the end, China will conquer Japan." So, I think your opinion or intention designed the world today. Therefore, I'd like to ask your opinion in retrospect from today's world and on your mission in life.

Kissinger's G.S. OK, OK. Of course, as you said, I assisted the diplomacy between the U.S. and China. It started in 1972. And at that time, China's economic growth was very low and we had a mission to save Chinese people after the Great Revolution of Mao Tse-tung. He killed tens of millions of people, so we chose to give them the economic growth instead of killing their own subject, I mean the followers of the country.

But in the 21st century, China became a great

れました。現代から見ると、あれが歴史のキーポイントだったと思います。アメリカはあの時点から、ソ連や日本に対抗させるために中国を支援してきました。あなたは毛沢東とも対話して、「最終的には中国が日本を征服するでしょう」というような話をされました。ですから、あなたの意見や意図が、今日の世界をデザインしたのではないでしょうか。そこで、今日の世界から過去を回顧されてどう思われるか、また、あなたの人生の使命についても、お伺いしたいと思います。

キッシンジャー守護霊 分かりました。なるほど、おっしゃる通り、私は米中の外交的結びつきを支援しました。始まったのは 1972 年ですが、当時の中国は経済成長が非常に低くて、私たちには毛沢東の文化大革命後の中国人民を救う使命があったんです。毛沢東は何千万人も殺しましたので、臣民というか人民を殺させるのではなく経済成長させる道を選んだわけですね。

　しかし 21 世紀が来て、中国は大国となり、ＧＤＰは日

country and its GDP is twice as great as the Japanese GDP. And in the near future, it'll catch up with that of the United States of America. You can think that it is dangerous, but in another type of thinking, it is very hopeful for the world, because if there is no economic growth in China, the 1.3 billion Chinese people will be kept in starvation. They are in a very hungry situation. So, they will be in more danger than they already are. So, it's a good situation. I think so.

I hope that China will succeed in making friends with other Asian countries, and of course, the African countries, the European countries, and you, Japanese people. Of course, the people of the United States want to be their friends, and that will make the world more peaceful. I hope so. That was my mission, that is my mission, and that will be my mission. I hope so.

Cho With regards to China, I'd like to ask you about the issue of Hong Kong.

本の２倍です。近いうちにアメリカのＧＤＰにも追いつくでしょう。それは危険だという考え方もありますが、考えようによっては、世界にとって非常に希望が持てる状況です。もし中国経済が成長しなかったら、中国13億の民は飢えることになります。非常な空腹状態にありますので。それは今以上に危険です。ですから、成長は好ましいことだと思いますよ。

　望むらくは、中国が他のアジア諸国や、もちろんアフリカやヨーロッパ諸国、そしてあなた方日本人と「友好関係」を結んでほしいですね。もちろんアメリカ人も彼らの友人になりたいと思いますし、そうすれば世界はもっと平和になるでしょう。そう望みたいと思います。それが私の使命でしたし、現在も今後も、そうでありたいと願っています。

長　中国に関連して、「香港の問題」についてお伺いしたいと思います。

Kissinger's G.S. Hong Kong? OK.

Cho The movement for freedom has been gaining momentum after Master Okawa's visit to Hong Kong*. How do you foresee Hong Kong's future?

Kissinger's G.S. They now belong to China. So, it's difficult for us to say anymore about Hong Kong because this is not another country. This country Hong Kong, the Hong Kong district belongs to China. So, the people of Hong Kong and the people of Beijing should talk with each other and set up a new conclusion—

4　近未来予言③　中国と香港

キッシンジャー守護霊　香港ですか。どうぞ。

長　大川総裁の香港ご巡錫(じゅんしゃく)のあと、「自由を求める運動」が今、勢いを増しています（注）。香港の未来をどうご覧になりますか。

キッシンジャー守護霊　香港は現在は中国の一部であり、別の国ではないので、今となっては言いにくいですね。香港という国ないし地区は中国の一部ですので、香港の人々と北京政府が話し合って新たな結論を出すべきです。どうしたら互いに共存し、幸福にやっていけるのか。

（注）2011年5月22日、大川総裁は香港で"The Fact and The Truth"〔「事実」と「真実」〕と題する英語説法を行い、「香港は中国のリーダーである。中国の人々を啓蒙し、中国の未来の方向性を指し示してほしい」と〈中国の香港化〉を示唆するメッセージを伝えた。香港ではその後2014年に、自由な立候補を認めた普通選挙を政府に求める大規模な抗議デモ「雨傘革命」が起こった（写真左）。

★ On May 22, 2011, Master Okawa gave a lecture in Hong Kong entitled, "The Fact and the Truth." In it, he delivered a message indicating the "Hong Kong-ification" of China, saying that Hong Kong is the leader of China, and asked the people of Hong Kong to enlighten the Chinese people and to show them the direction they should take in the future. Later, in 2014, the people of Hong Kong held a large-scale protest against the Chinese government, or the Umbrella Revolution, calling for universal suffrage to accept various candidates in their elections (photo left).

how to live compatibly with each other, and how to live happily.

From the viewpoint of China, Hong Kong is, for example, the Shinkansen [bullet train]-like district, but other districts of China are, how do I say, local trains, so they must persuade both sides. In some meaning, the Hong Kong people will feel fear from China's occupation. They will want to get away from Hong Kong to another free country. But Beijing should change their mind, because they also need the wealth of Hong Kong. So, they need some kind of treaty between them. But it is up to them. It's their job, their task to talk with each other. So, we just advise them, but the conclusion must be chosen by themselves. I think so.

Cho Thank you.

4　近未来予言③　中国と香港

　中国側から見れば香港は、たとえて言えば新幹線みたいな地域で、中国の他の地域は、言わば在来線のような感じでしょうか。両方の人たちに納得してもらわないといけませんし、ある意味、香港の人たちは中国に占領されるのを怖がって、香港から逃げて他の自由な国に行きたがるでしょうね。北京政府は考え方を変えないといけません。彼らとしても香港の富を必要としているからです。お互いの間に何らかの取り決めが必要ですが、それは彼らの問題です。彼らが話し合うべき事柄であって、私たちとしては助言するだけです。結論は、彼らが自分で選ばなければならないと思います。

長　ありがとうございます。

5 Future Prediction Part 4: a War between the U.S. and China?

Yuta Okawa Next, I'd like to ask you about the possibility of an outbreak of a hegemonic war between the United States and China. In your latest book, *World Order*, you mentioned the ambivalence of American power, and you concluded that the American people are moral people, so without justice they will not start a war, but if there is justice they can start a war. Even so, the American people are practical people, so if the cost is too high, they will not start a war, by quoting the words of former Secretary of State George Shultz. From your perspective, can the United States start a war with China in the near future?

Kissinger's G.S. From the standpoint of my view, your tendency is that you think of hegemonic power from the viewpoint of cost and profit, but it's a little different. We don't think of war from the viewpoint

5　近未来予言④　米中戦争は、あり得るのか

大川裕太　次に、米中間で覇権戦争が勃発する可能性についてお伺いしたいと思います。あなたは最新のご著書の『国際秩序』の中で、アメリカのパワーの両義性について、元国務長官ジョージ・シュルツの言葉を引用して「アメリカ人は道徳的な国民なので、正義のない戦争を始めることはないが、正義があれば戦争をすることはあり得る。けれどもアメリカ人は現実主義的国民なので、費用がかかり過ぎるなら戦争はしない」と結論づけています。あなたからご覧になって、近い将来アメリカが中国と戦争を始める可能性はあると思われますか。

キッシンジャー守護霊　覇権を握ることを「損得の面」から考えていらっしゃるようにお見受けしますが、それは少し違います。われわれは戦争を損得の面から考えることはしません。それは狭い見方だと思います。肝心なのは「正

5 Future Prediction Part 4: a War between the U.S. and China?

of cost and profit; it's a narrow and small viewpoint, I think. The main point is justice, I think so. American people believe in God. So, almost all of them think from the viewpoint of God's Truth and God's Justice. If they seek for hot war or nuclear war in the near future, it will be related to God's Justice. If they don't think like that, but think that it's just the balance between cost and profit, they won't kill tens of millions of people by nuclear war.

America is normal, I think so. They won't fight against China from the standpoint of profit and cost. They would just want to make war from the viewpoint of God's Justice. If Chinese politicians, I mean Beijing, killed millions of people because of tyranny of Xi Jinping or the next leader, America will do something to protect such kind of weaker people from the standpoint of democratic politics. But if you, a scholar of international politics, are thinking only from the viewpoint of cost and profit, American people will not follow that opinion. There would be no nuclear war

5　近未来予言④　米中戦争は、あり得るのか

義」であると思います。アメリカ人は神を信じていますので、大部分の人は「神の真理」や「神の正義」の観点から考えるんです。もし将来、「熱い戦争」あるいは核戦争をやろうとするとしたら、「神の正義」に関わる場合でしょう。そういう考えではなく、問題は損得のバランスだけだと考えるなら、核戦争で何千万人も殺したりすることはありません。

　アメリカは、まともだと思いますよ。損得で中国と戦うことはありません。「神の正義」の観点からであれば、戦争をしようと思うでしょう。中国の政治家つまり中国政府が、習近平や次の指導者の専制政治によって自国民を何百万人も殺すような場合は、アメリカは民主主義政治の立場から、そういう弱者を守るために何かをやります。あなたは国際政治の学徒として「損得」だけで考えるかもしれませんが、米国民はそうした意見には従わないでしょう。米中間で核戦争は起きないと思います。

between China and America. I think so.

Yuta Okawa Thank you very much.

6 Future Prediction Part 5: Russian Affairs

Ichikawa Thank you. Next, I'd like to ask about Russia. Russia is one of the superpowers of the world, so we would appreciate it if you could share your insight about the future of Russia.

Kissinger's G.S. You said that Russia is a superpower, but to tell the truth, President Putin is at the edge of a cliff. Russia is on the verge of ruin, I think so, in the economic meaning and, of course, the political meaning. Russia needs aids from other great countries. Obama's America doesn't help them, and the EU doesn't help Russia. They are now approaching China,

大川裕太　ありがとうございました。

6　近未来予言⑤　ロシア情勢

市川　ありがとうございます。次に、ロシアについて伺いたいと思います。ロシアは世界の超大国の一つですので、ロシアの未来についての洞察をお聞かせいただければ有り難く存じます。

キッシンジャー守護霊　ロシアが超大国だと言われましたが、実際のところはプーチン大統領は崖っぷちに立たされていて、ロシアは破滅寸前だと思います。経済面でも、もちろん政治面でも。ロシアは他の大国の援助を必要としています。オバマのアメリカは助けないし、ＥＵもロシアを助けないので、彼らは今、中国に接近しており、日本の政治家はそのことで神経を尖らせるでしょう。

and will make the Japanese politicians nervous.

But if Prime Minister Abe wants to make a new treaty between Russia and Japan, and if Japan will provide the economic help for Russia, Putin can survive with his political power and the situation will be changed. You will see a lot of views on newspapers, TV or like that, and they will say that Russia is approaching China and China is approaching Russia, and that both two countries are conducting cooperative action of the army in the seas of Southeast Asia. But it's just a demonstration. Mr. Putin wants help from a wealthier country, so Japan should help Russia. It will make the world happier and more peaceful, I think so.

7 Future Prediction Part 6: Islamic Countries

Yuta Okawa Thank you very much. Next, I'd like to ask you about the future of Islamic countries. When

けれども、安倍首相が日露で新しい条約を結びたいと思い、日本がロシアに経済支援をすれば、プーチンは政治的に生き延びることができて、状況が変わるでしょう。テレビや新聞などには、いろんな意見が出ていて、それらによればロシアは中国に近づき、中国はロシアに近づいて、両国が東南アジアの海で共同軍事演習を行っていますが、それはデモンストレーションに過ぎません。プーチン大統領は豊かな国から援助してもらいたがっていますので、日本がロシアを助けるべきです。そうすれば、世界はもっと円満にいくと思います。

7　近未来予言⑥　イスラム諸国

大川裕太　どうもありがとうございます。次に、「イスラム諸国の未来」について伺いたいと思います。日高氏と

you talked with Mr. Hidaka in a TV program, he asked you about the future of Islamic countries and you said, "Unless all Islamic people convert to Christianity, …

Kissinger's G.S. [*Laughs.*]

Yuta Okawa …this problem will not be solved completely."

Kissinger's G.S. [*Laughs.*] Yeah, yeah.

Yuta Okawa I was very surprised by your words. What do you foresee?

Kissinger's G.S. [*Laughs.*] It's beyond the power of one scholar like me. Islamic problem is the real problem, and it's continued for more than a thousand years. It might be on the Palm of God, so it's difficult even for me. It depends on God's Will. But European and American people who believe in Christianity cannot

7　近未来予言⑥　イスラム諸国

テレビ番組で対談されていた時、日高氏がイスラム諸国の未来について尋ねると、あなたは、「イスラム教徒が全員、キリスト教に改宗しない限り……。

キッシンジャー守護霊　（笑）

大川裕太　……この問題は完全には解決しない」と言われました。

キッシンジャー守護霊　（笑）はい、はい。

大川裕太　そのご発言には非常に驚きました。あなたの予測はいかがですか。

キッシンジャー守護霊　（笑）それは、私のような一学者の能力には余りますね。イスラム問題は重要な問題で、千年以上続いていますので。神の手のひらの上に乗っているのかもしれません。いくら私でも難しいですよ。神のお考え次第ですが、キリスト教を信じる欧米人には、今のイスラム教の人たちと手を組むことはできません。それは非常

cooperate with Islamic people nowadays. So, it's very difficult.

The American people will protect the Jewish people, meaning the state of Israel. And the army of Israel is stronger than other countries of the Islamic people. So, this is the very, very, difficult point in the eyes of equality. Only Israel has the atomic bomb; other Islamic countries don't have the nuclear bomb. Its possibility is Iran now and next is Saudi Arabia, Egypt, Turkey or a country like that. But it's very complicated and difficult.

How to solve this problem is beyond my power. So, please ask God on how to deal with these two religions. Please ask God, "Which do you like better, [*laughs*] Christianity or Islam?" It's beyond my power, so I don't understand God's Will.

From the viewpoint of the Western people, Islamic terrorism is very dangerous and they feel that the Islamic people have a tendency of violence from their original doctrine, so it means that the religion of Islam is

7　近未来予言⑥　イスラム諸国

に困難です。

　米国民はユダヤ人を、要するにイスラエルという国家を護(まも)るでしょう。イスラエル軍はイスラム教国より強いので。ここは公平性の観点から見て、実に実に難しい点です。イスラエルだけが核を持ち、イスラム教国は核を持っていません。持つ可能性があるのは今のところイランであり、次いでサウジアラビア、エジプト、トルコなどがありますが、非常に複雑かつ難しい問題です。

　この問題の解決は私の力では及びませんので、この二つの宗教をどうしたものか、ぜひ神に聞いていただけませんか。「キリスト教とイスラム教では、どちらがお好きですか」と神に聞いてください（笑）。私の力を超えていますので、神のお考えは私には分かりません。

　西洋人の目には、イスラムのテロは非常に危険であり、イスラムの暴力的な傾向性はイスラム教のもともとの教えに由来していると感じられるわけです。つまり、イスラム教の教義には暴力性が潜んでいるということで、ここがキ

hiding the violence behind their doctrine. So, it's quite different from Christianity. Christianity doesn't insist on killing others or to kill neighbors. Jesus just said, "Love others. Love your neighbors," but the followers of Christianity don't follow his teachings. This is the bad state of his believers, not the sin of Jesus Christ.

But Western people think that Muhammad himself had sin in (establishing) his doctrine. His doctrine is that violence causes a new revolution and builds a new country of Islam. It's like Mao Tse-tung's "army first" thinking. So, this is the problem I think. But the conclusion is, "Please ask God about that." I don't know about that. It's just a feeling, a feeling.

Yuta Okawa Thank you very much.

Cho How do you see the issue of refugees coming from the Middle East? Now, the EU is suffering from that issue.

リスト教と大きく違う点です。キリスト教は「人を殺せ」とか「隣人を殺せ」などとは言いません。イエスは「人を愛せ。隣人を愛せ」と教えただけなのに、キリスト教徒がその教えを守っていないわけです。これは信者が間違っているのであって、イエス・キリストに罪はありません。

ところがムハンマドの場合は、「教義（の成立）に関して彼自身に罪がある」というのが西洋人の考えです。彼の教義は、「暴力によって新たな革命を起こし、新たなイスラム国家を建設する」というものです。毛沢東の「先軍政治」のようなものですよ。ここが問題だと思いますね。ただ、結論は、「神にお尋ねください」ということです。私には分かりません。あくまで感想ですので。

大川裕太　ありがとうございました。

長　中東から来る難民の問題については、どうお考えですか。ＥＵは現在、この問題で苦しんでいます。

7 Future Prediction Part 6: Islamic Countries

Kissinger's G.S. It's also related to Islamic power and Islamic condition. The difference in religion makes the difference in economic power and political power, and of course, (causes the issue of) how to make harmony between the people of one nation. So, Islamic problem is quite difficult to solve. They don't change their way of life. They are Islamic people even in the EU. They historically and also nowadays obey their discipline.

So, please ask Muhammad, "Please allow your followers to change into the western way of life and culture." "It's OK," he should say so through your spiritual words or *reigen*. Muhammad should allow them. I hope so [*laughs*].

キッシンジャー守護霊　それも、イスラム勢力とイスラム教の状況に関係しています。宗教の違いから、「経済力の差」や「政治力の差」が生まれているわけです。当然、一国の国民の間にいかにして調和をもたらすかについても同様です。イスラム問題の解決は困難を極めます。彼らはライフスタイルを変えませんのでね。イスラム教徒はＥＵの中にいても「イスラム教徒」なんです。歴史的にも、今日(こんにち)でも、自分たちの戒律に従っています。

　ですから、ぜひムハンマドに、「あなたの信者たちに、生活や文化を西洋風に変えることを許してあげてください」と頼んでもらえませんか。ムハンマドは、あなたがたのレイゲン（霊言）を通じて「変えてよろしい」と言うべきなんです。ムハンマドがそれを認めないといけません。そう願いたいですね（笑）。

8 Future Prediction Part 7: the Future of the EU

Ichikawa Thank you very much. As you mentioned the EU, could you tell us the future of the EU because the U.K. decided to leave the EU.

Kissinger's G.S. The U.K.? Hmm. The problem is that the United States is the greatest hegemonic state from the Second World War and before then, Great Britain was the hegemonic country. These two were hegemonic in these 200 years. So, we must predict, "Is this the end of the English speaking people, country, or not?" "Is the isolation of England the end of the British and the United States? Or, is it the end of the EU?" I don't know correctly.

But I can assume that Great Britain will be free from Islamic problem from now on. So, the EU is still in the turbulence of the Islamic power because Turkey is trying to be a member of the EU and is one of the groups of Islamic countries. The EU wants to build or

8　近未来予言⑦　EUの将来

市川　ありがとうございます。EUのお話が出ましたので、EUの将来についても教えていただけますでしょうか。イギリスがEUからの離脱を決めましたので。

キッシンジャー守護霊　イギリスですか。うーん……問題は、アメリカが第二次世界大戦以降、最大の覇権国家であり、それ以前はイギリスが覇権国家だったという点です。この両国が過去200年間の覇権国家でした。ですから、「これは英語を話す国の終わりを意味するのかどうか」「イギリスの孤立は〝英米側の終焉〟なのか、それとも〝EUの終焉〟なのか」を見極めなければなりません。正確には分かりかねます。

　ただ、今後イギリスがイスラム問題から解放されるであろうことは推測できます。EUは依然としてイスラム勢力による乱気流状態の中にあります。トルコがEUの一員になろうとしており、かつイスラム教国グループの一員でもあるからです。EUは自分で、あるいはドナルド・トラン

8 Future Prediction Part 7: the Future of the EU

wants to ask Mr. Donald Trump to build a huge wall between Islamic countries and Europe. But in reality, it's very difficult to build such kind of wall, so the situation is very difficult.

But firstly, we must settle the confusion or the conflicts of the Middle East—the Syrian or the IS problem. This is the first. The second is Turkey and Europe. Can the Islamic people from Asia change into real Europeans or not? It's the next problem. If they don't want to be, then must they go home or not? It's a political problem. I cannot decide about that. It depends on the national opinion, so it's very difficult.

Great Britain can be free from this problem, and America would also have that kind of tendency in the era of Donald Trump. But if Ms. Hillary Clinton continues the policy of Mr. Barack Obama, the immigration policy would also be the weak point of the United States. The United States sometimes wants to help such kind of people, but (comes to) have more problems. [*Sighs.*] So, Islamic problem is God's matter. I can't understand, so…

8　近未来予言⑦　EUの将来

プ氏に頼んで、イスラム諸国とヨーロッパの間に「巨大な壁」を築きたいんでしょう。まあ現実には、そんな壁を築くのは無理ですから、非常に難しい状況です。

　ただ、まずは中東の混乱ないし紛争を解決するのが先決ですね、シリアやイスラム国の問題が先決です。次がトルコとヨーロッパです。アジア出身のイスラム教徒が本当にヨーロッパ人になれるのかどうかが、次なる問題でしょう。そうなるのが嫌な場合は、故郷に帰らなければならないのか、どうか。これは政治の問題ですので、私には判断できません。国論がどうであるかの問題なので、難しいですね。

　イギリスはこの問題から自由でいられますし、アメリカもドナルド・トランプの時代が来れば、それと同じ傾向になるでしょう。しかし、ヒラリー・クリントン氏がバラク・オバマ氏の政策を引き継ぐなら、移民政策はアメリカにとっても弱点になるでしょう。アメリカはそういう人たちを助けようとして、さらなる問題を抱え込むことがあるんです。（ため息）ですから、イスラム問題は神がお考えになることです。私には分かりかねますので……。

9 Born as a Female Prophet in Ancient Greece

Yuta Okawa Time is nearly over, so from me, this is the last question. Today, I noticed your strong faith in Christianity or God. You have quite various nationalities; you are Jewish, German and American, and your deep insight toward China is very amazing. So, I'd like to ask about the mystery of your soul or your past incarnations in history.

Kissinger's G.S. [*Laughs.*] It's difficult for American people, but this is just a small gift from me. I was one of the Jewish oracles (in my past life), and of course, of Christianity in the ancient days.

Yuta Okawa Do you have a historical name?

Kissinger's G.S. My name? There is no name like Kissinger in our history, so…Maybe, maybe, maybe,

9 古代ギリシャの女性預言者として生まれていた

大川裕太　そろそろお時間ですので、私からの最後の質問です。本日は、あなたのキリスト教や神への強い信仰心をうかがい知ることができました。あなたの国籍は非常に多様で、ユダヤ人でありドイツ人でありアメリカ人ですし、中国に対する洞察の深さには驚かされます。そこで、あなたの魂の秘密や、歴史上の転生の秘密について伺いたいのですが。

キッシンジャー守護霊　(笑)アメリカ人には難しい質問ですが、ささやかなプレゼントとしてお答えしましょう。私は(過去の転生で)ユダヤの神官だった者です。もちろん、古代のキリスト教でもありましたがね。

大川裕太　歴史に遺っているお名前はありますか。

キッシンジャー守護霊　名前ですか。キッシンジャーと並ぶほどの名前は歴史上、持ったことはないですね。たぶん、

a famous oracle who was a woman. Maybe you know about her.

Cho About her?

Yuta Okawa Isaiah?

Kissinger's G.S. No, not Isaiah.

Cho Woman?

Kissinger's G.S. Woman. She's famous.

Cho What kind of work did she engage in?

Kissinger's G.S. Oh, she's not Jewish. At the time, she was a Greek prophet.

Yuta Okawa Ahh. In Alexandria or something?

9　古代ギリシャの女性預言者として生まれていた

たぶんですが、名のある女性の神官（巫女）です。彼女をご存じかもしれません。

長　「彼女を」ですか。

大川裕太　イザヤですか。

キッシンジャー守護霊　いえ、イザヤではありません。

長　女性ですか。

キッシンジャー守護霊　女性です。有名ですよ。

長　どういったお仕事に携わっていた方でしょうか。

キッシンジャー守護霊　ああ。ユダヤ人ではなく、当時はギリシャの預言者でしたね。

大川裕太　ああ。アレクサンドリアかどこかのでしょうか。

Kissinger's G.S. Ah, yeah, like that. But if you don't know, it's OK.

Yuta Okawa OK.

Kissinger's G.S. It's enough. I'm such kind of no-name person. So don't, how do I say, be too concerned about me.

Yuta Okawa I've once seen her in a movie…

Kissinger's G.S. Cassandra*.

9　古代ギリシャの女性預言者として生まれていた

キッシンジャー守護霊　ああ、はい。そのあたりですが、ご存じなければ、いいんですよ。

大川裕太　はい。

キッシンジャー守護霊　大丈夫です。その程度の名もない者ですので、何と言いますか、あまり気にかけていただくには及びません。

大川裕太　以前に一度、映画で見たことが……。

キッシンジャー守護霊　カサンドラです（注）。

（注）ギリシャ神話に登場するトロイの王女。トロイ戦争で木馬がトロイに運び込まれようとした際、破滅につながると予言して抗議したが聞き入れられなかったと言われ、悲劇の預言者として知られる（イーヴリン・ド・モーガン画）。
* A princess of Troy who appears in Greek mythology. She had predicted and warned that letting the wooden horse into Troy would bring it destruction, but no one believed her. She is known as a prophet of tragedy (painting by Evelyn de Morgan).

Yuta Okawa Cassandra!

Cho Cassandra!

10 A Skilled Planner in the Age of the Three Kingdoms in China

Yuta Okawa I see, OK. Are you interested in China?

Kissinger's G.S. China? Ah, yeah, a little.

Yuta Okawa Do you have a Chinese name?

Kissinger's G.S. Chinese name!? Chinese name, Chinese name... Oh, Chinese name, oh... Yeah, in reality, I was in China also.

Yuta Okawa Do we know your Chinese name? Is he

大川裕太　カサンドラ！

長　カサンドラですか！

１０　中国では三国志時代の戦略家として活躍

大川裕太　なるほど、分かりました。中国には興味がおありですか。

キッシンジャー守護霊　中国？　ああ、はい、多少は。

大川裕太　中国でのお名前はありますか。

キッシンジャー守護霊　中国の名前ですか!?　中国の名前、中国の名前……ああ、中国の名前、ああ……。はい、確かに中国にもいましたね。

大川裕太　私たちが知っている中国の方のお名前ですか。

10 A Skilled Planner in the Age of the Three Kingdoms in China

or she famous?

Kissinger's G.S. I don't know if I was famous or not, but I was one of the planners of the country. I belonged to the famous Three Kingdoms age.

Yuta Okawa I see.

Kissinger's G.S. And was born in, you say, Wei? One of the advisors to the king.

Yuta Okawa Shibai Chutatsu (Sima Yi Zhongda)*?

10　中国では三国志時代の戦略家として活躍

その方は有名な方ですか。

キッシンジャー守護霊　有名かどうか分かりませんが、国の戦略家の一人でした。有名な三国志の時代にいました。

大川裕太　なるほど。

キッシンジャー守護霊　「魏(ぎ)」ですか。そこの生まれで、国王の参謀の一人でした。

大川裕太　司馬懿仲達(しばいちゅうたつ)（注）ですか？

（注）司馬懿仲達（179-251）後漢末期から三国時代にかけて活躍した、魏の武将・政治家。曹操らに仕え、西晋の基礎を築いた。
★ Sima Yi Zhongda (179-251) A general and politician of Wei who was active from the late Han dynasty to the Three Kingdoms period. Served under leaders such as Cao Cao and built the foundation of Western Jin.

Kissinger's G.S. Yeah, that's right.

Yuta Okawa OK. Oh, he was your past incarnation. Thank you very much. Thank you for uncovering us the history and mystery of your soul. Thank you very much.

Ichikawa Time is up.

Kissinger's G.S. OK.

Ichikawa We'd like to conclude today's session.

Kissinger's G.S. Thank you. Thank you very much. I hope for your success in New York.

Yuta Okawa & Cho Thank you very much.

[*Audience applaud.*]

キッシンジャー守護霊　ええ、その通りです。

大川裕太　分かりました。ああ、彼があなたの過去世でいらしたんですね。どうもありがとうございます。魂の歴史や秘密を明かしてくださり、感謝いたします。どうもありがとうございました。

市川　お時間となりましたので。

キッシンジャー守護霊　はい。

市川　本日の収録は以上とさせていただきます。

キッシンジャー守護霊　ありがとう。ありがとうございました。ニューヨークでのご成功をお祈りしていますよ。

大川裕太＆長　どうもありがとうございました。

（会場　拍手）

『ヘンリー・キッシンジャー博士　７つの近未来予言』
大川隆法著作関連書籍

『世界の潮流はこうなる』（幸福実現党刊）

『ヘンリー・キッシンジャー博士 ７つの近未来予言』

2016年11月2日 初版第1刷

著　者	大川　隆法
発行所	幸福の科学出版株式会社

〒107-0052　東京都港区赤坂2丁目10番14号
TEL(03) 5573-7700
http://www.irhpress.co.jp/

印刷・製本　　株式会社 堀内印刷所

落丁・乱丁本はおとりかえいたします
©Ryuho Okawa 2016. Printed in Japan. 検印省略
ISBN 978-4-86395-848-7 C0030
Photo：AFP＝時事／artjazz/shutterstock.com／
SPUTNIK／時事通信フォト／時事

大川隆法ベストセラーズ・英語説法&世界の指導者の本心

Power to the Future
未来に力を

英語説法集
日本語訳付き

予断を許さない日本の国防危機。混迷を極める世界情勢の行方——。ワールド・ティーチャーが英語で語った、この国と世界の進むべき道とは。

1,400円

アメリカ合衆国建国の父
ジョージ・ワシントンの霊言

英語霊言
日本語訳付き

人種差別問題、経済対策、そして対中・対露戦略——。初代大統領が考える、"強いアメリカ"復活の条件。

1,400円

キング牧師
天国からのメッセージ

アメリカの課題と夢

英語霊言
日本語訳付き

宗教対立とテロ、人種差別、貧困と移民問題、そして米大統領選の行方——。黒人解放運動に生涯を捧げたキング牧師から現代人へのメッセージ。

1,400円

幸福の科学出版

大川隆法ベストセラーズ・世界の指導者の本心

守護霊インタビュー
ドナルド・トランプ
アメリカ復活への戦略

次期アメリカ大統領を狙う不動産王の知られざる素顔とは？ 過激な発言を繰り返しても支持率トップを走る「ドナルド旋風」の秘密に迫る！

英語霊言 日本語訳付き

1,400円

オバマ大統領の
新・守護霊メッセージ

英語霊言 日本語訳付き

日中韓問題、TPP交渉、ウクライナ問題、安倍首相への要望……。来日直前のオバマ大統領の本音に迫った、緊急守護霊インタビュー！

1,400円

世界の潮流はこうなる

激震！中国の野望と民主党の最期

オバマの下で衰退していくアメリカ。帝国主義に取り憑かれた中国。世界の勢力図が変化する今、日本が生き残る道は、ただ一つ。孔子とキッシンジャー守護霊による緊急霊言。
【幸福実現党刊】

第1章　孔子の霊言──政治編
第2章　キッシンジャー博士の守護霊予言

1,300円

※表示価格は本体価格(税別)です。

大川隆法 ベストセラーズ・世界の指導者の本心

ヒラリー・クリントンの政治外交リーディング
同盟国から見た日本外交の問題点

竹島、尖閣と続発する日本の領土問題——。国防意識なき同盟国をアメリカはどう見ているのか？ クリントン国務長官の本心に迫る！
【幸福実現党刊】

1,400円

守護霊インタビュー
駐日アメリカ大使
キャロライン・ケネディ
日米の新たな架け橋

英語霊言日本語訳付き

先の大戦、歴史問題、JFK暗殺の真相——。親日派とされるケネディ駐日米国大使の守護霊が語る、日本への思いと日米の未来。

1,400円

原爆投下は人類への罪か？
公開霊言 トルーマン
＆F・ルーズベルトの新証言

なぜ、終戦間際に、アメリカは日本に２度も原爆を落としたのか？「憲法改正」を語る上で避けては通れない難題に「公開霊言」が挑む。
【幸福実現党刊】

1,400円

幸福の科学出版

大川隆法ベストセラーズ・世界の指導者の本心

サッチャーの スピリチュアル・メッセージ
死後19時間での奇跡のインタビュー

フォークランド紛争、英国病、景気回復——。勇気を持って数々の難問を解決し、イギリスを繁栄に導いたサッチャー元首相が、日本にアドバイス!

英語霊言 日本語訳付き

1,300円

「忍耐の時代」の外交戦略 チャーチルの霊言

もしチャーチルなら、どんな外交戦略を立てるのか?"ヒットラーを倒した男"が語る、ウクライナ問題の行方と日米・日ロ外交の未来図とは。

1,400円

マッカーサー 戦後65年目の証言
マッカーサー・吉田茂・山本五十六・鳩山一郎の霊言

GHQ最高司令官・マッカーサーの霊によって、占領政策の真なる目的が明かされる。日本の大物政治家、連合艦隊司令長官の霊言も収録。

1,200円

※表示価格は本体価格(税別)です。

大川隆法 ベストセラーズ・世界の指導者の本心

プーチン 日本の政治を叱る

緊急守護霊メッセージ

日本はロシアとの友好を失ってよいのか？ 日露首脳会談の翌日、優柔不断な日本の政治を一刀両断する、プーチン大統領守護霊の「本音トーク」。

1,400円

プーチン大統領の新・守護霊メッセージ

独裁者か？ 新時代のリーダーか？ ウクライナ問題の真相、アメリカの矛盾と限界、日ロ関係の未来など、プーチン大統領の驚くべき本心が語られる。

1,400円

アサド大統領のスピリチュアル・メッセージ

英語霊言
日本語訳付き

混迷するシリア問題の真相を探るため、アサド大統領の守護霊霊言に挑む──。恐るべき独裁者の実像が明らかに！

1,400円

幸福の科学出版

大川隆法ベストセラーズ・世界の指導者の本心

ネルソン・マンデラ ラスト・メッセージ

人種差別と戦い、27年もの投獄に耐え、民族融和の理想を貫いた偉大なる指導者ネルソン・マンデラ。その「復活」のメッセージを全世界の人びとに!

1,400円

ハンナ・アーレント スピリチュアル講義 「幸福の革命」について

全体主義をくつがえす「愛」と「自由」の政治哲学とは? かつてナチズムと戦った哲学者ハンナ・アーレントが、日本と世界の進むべき方向を指し示す。

1,400円

マザー・テレサの 宗教観を伝える
神と信仰、この世と来世、そしてミッション

神の声を聞き、貧しい人びとを救うために、その生涯を捧げた高名な修道女マザー・テレサ——。いま、ふたたび「愛の言葉」を語りはじめる。

1,400円

※表示価格は本体価格(税別)です。

大川隆法 ベストセラーズ・世界の指導者の本心

世界皇帝をめざす男
習近平の本心に迫る

中国の次期国家主席・習近平氏の守護霊が語る「大中華帝国」が目指す版図とは？ 恐るべき同氏の過去世とは？
【幸福実現党刊】

1,300円

北朝鮮
崩壊へのカウントダウン
初代国家主席・金日成の霊言

36年ぶりの党大会当日、建国の父・金日成の霊が語った「北朝鮮崩壊の危機」。金正恩の思惑と経済制裁の実情などが明かされた、国際的スクープ！

1,400円

北朝鮮・金正恩はなぜ
「水爆実験」をしたのか

緊急守護霊インタビュー

核実験直後の2016年1月7日に収録された緊急インタビュー。「これで、日本人全員が人質になった」。国会での安保法制反対をあざ笑うかのような強行実験、その本心とは。

1,400円

幸福の科学出版

大川隆法ベストセラーズ・世界の指導者の本心

イラク戦争は正しかったか
サダム・フセインの死後を霊査する

全世界衝撃の公開霊言。「大量破壊兵器は存在した!」「9.11はフセインが計画し、ビン・ラディンが実行した!」──。驚愕の事実が明らかに。

1,400円

イスラム過激派に正義はあるのか
オサマ・ビン・ラディンの霊言に挑む

「アルジェリア人質事件」の背後には何があるのか──。死後も暗躍を続ける、オサマ・ビン・ラディンが語った「戦慄の事実」。

1,400円

マルクス・毛沢東のスピリチュアル・メッセージ
衝撃の真実

共産主義の創唱者マルクスと中国の指導者毛沢東。思想界の巨人としても世界に影響を与えた、彼らの死後の真価を問う。

1,500円

※表示価格は本体価格(税別)です。

大川隆法シリーズ・最新刊

国際政治学の現在(いま)

世界潮流の分析と予測
大川隆法・大川裕太共著

尖閣問題、北のミサイル実験、原発廃止論、そして沖縄からの米軍撤退運動――亡国の危機が迫る日本は、どんな未来を望むべきか。国際政治学の最新トピックス、その核心を鋭く分析する。

1,500円

元自民党幹事長 加藤紘一の霊言

リベラル政治家が考える〝日本の生きる道〟

自民党の要職を歴任してきた〝政界のプリンス〟が、生前の政治家人生、「加藤の乱」の真相、現在の安倍政権、そして過去世の秘密を語る。【幸福実現党刊】

1,400円

凡事徹底と静寂の時間

現代における〝禅的生活〟のすすめ

目まぐるしい現代社会のなかで、私たちが失ってはいけない大切なことや、智慧を磨き、人格を向上させる〝知的エッセンス〟が、この一冊に。

1,500円

幸福の科学出版

大川隆法ベストセラーズ・エル・カンターレの基本三法

太陽の法
エル・カンターレへの道

創世記や愛の段階、悟りの構造、文明の流転を明快に説き、主エル・カンターレの真実の使命を示した、仏法真理の基本書。

2,000円

黄金の法
エル・カンターレの歴史観

歴史上の偉人たちの活躍を鳥瞰しつつ、隠されていた人類の秘史を公開し、人類の未来をも予言した、空前絶後の人類史。

2,000円

永遠の法
エル・カンターレの世界観

『太陽の法』(法体系)、『黄金の法』(時間論)に続いて、本書は空間論を開示し、次元構造など、霊界の真の姿を明確に説き明かす。

2,000円

※表示価格は本体価格(税別)です。

大川隆法「法シリーズ」・最新刊

正義の法
憎しみを超えて、愛を取れ

法シリーズ第22作

テロ事件、中東紛争、中国の軍拡――。
どうすれば世界から争いがなくなるのか。
あらゆる価値観の対立を超える
「正義」とは何か。
著者二千書目となる「法シリーズ」最新刊！

2,000 円

- 第1章　神は沈黙していない──「学問的正義」を超える「真理」とは何か
- 第2章　宗教と唯物論の相克──人間の魂を設計したのは誰なのか
- 第3章　正しさからの発展──「正義」の観点から見た「政治と経済」
- 第4章　正義の原理──「個人における正義」と「国家間における正義」の考え方
- 第5章　人類史の大転換──日本が世界のリーダーとなるために必要なこと
- 第6章　神の正義の樹立──今、世界に必要とされる「至高神」の教え

幸福の科学出版

大川隆法ベストセラーズ・地球レベルでの正しさを求めて

未来へのイノベーション

新しい日本を創る幸福実現革命

経済の低迷、国防危機、反核平和運動──。「マスコミ全体主義」によって漂流する日本に、正しい価値観の樹立による「幸福への選択」を提言。

1,500円

正義と繁栄

幸福実現革命を起こす時

「マイナス金利」や「消費増税の先送り」は、安倍政権の失政隠しだった!? 国家社会主義に向かう日本に警鐘を鳴らし、真の繁栄を実現する一書。

1,500円

世界を導く日本の正義

20年以上前から北朝鮮の危険性を指摘してきた著者が、抑止力としての日本の「核装備」を提言。日本が取るべき国防・経済の国家戦略を明示した一冊。

1,500円

現代の正義論

憲法、国防、税金、そして沖縄。
── **『正義の法』特別講義編**

国際政治と経済に今必要な「正義」とは──。北朝鮮の水爆実験、イスラムテロ、沖縄問題、マイナス金利など、時事問題に真正面から答えた一冊。

1,500円

※表示価格は本体価格(税別)です。

幸福の科学グループのご案内

宗教、教育、政治、出版などの活動を通じて、地球的ユートピアの実現を目指しています。

幸福の科学

1986年に立宗。信仰の対象は、地球系霊団の最高大霊、主エル・カンターレ。世界100カ国以上の国々に信者を持ち、全人類救済という尊い使命のもと、信者は、「愛」と「悟り」と「ユートピア建設」の教えの実践、伝道に励んでいます。

(2016年11月現在)

愛

幸福の科学の「愛」とは、与える愛です。これは、仏教の慈悲(じひ)や布施(ふせ)の精神と同じことです。信者は、仏法真理をお伝えすることを通して、多くの方に幸福な人生を送っていただくための活動に励んでいます。

悟り

「悟り」とは、自らが仏の子であることを知るということです。教学(きょうがく)や精神統一によって心を磨き、智慧(ちえ)を得て悩みを解決すると共に、天使・菩薩(ぼさつ)の境地を目指し、より多くの人を救える力を身につけていきます。

ユートピア建設

私たち人間は、地上に理想世界を建設するという尊い使命を持って生まれてきています。社会の悪を押しとどめ、善を推し進めるために、信者はさまざまな活動に積極的に参加しています。

国内外の世界で貧困や災害、心の病で苦しんでいる人々に対しては、現地メンバーや支援団体と連携して、物心両面にわたり、あらゆる手段で手を差し伸べています。

年間約3万人の自殺者を減らすため、全国各地で街頭キャンペーンを展開しています。

公式サイト **www.withyou-hs.net**

ヘレン・ケラーを理想として活動する、ハンディキャップを持つ方とボランティアの会です。視聴覚障害者、肢体不自由な方々に仏法真理を学んでいただくための、さまざまなサポートをしています。

公式サイト **www.helen-hs.net**

INFORMATION

お近くの精舎・支部・拠点など、お問い合わせは、こちらまで！

幸福の科学サービスセンター
TEL. **03-5793-1727** (受付時間 火～金:10～20時／土・日・祝日:10～18時)
幸福の科学公式サイト **happy-science.jp**

幸福の科学グループの教育・人材養成事業

ハッピー・サイエンス・ユニバーシティ
Happy Science University

ハッピー・サイエンス・ユニバーシティとは

ハッピー・サイエンス・ユニバーシティ(HSU)は、大川隆法総裁が設立された「現代の松下村塾」であり、「日本発の本格私学」です。
建学の精神として「幸福の探究と新文明の創造」を掲げ、チャレンジ精神にあふれ、新時代を切り拓く人材の輩出を目指します。

学部のご案内

人間幸福学部

人間学を学び、新時代を切り拓くリーダーとなる

経営成功学部

企業や国家の繁栄を実現する、起業家精神あふれる人材となる

未来産業学部

新文明の源流を創造するチャレンジャーとなる

未来創造学部　2016年4月開設

時代を変え、未来を創る主役となる

政治家やジャーナリスト、ライター、俳優・タレントなどのスター、映画監督・脚本家などのクリエーター人材を育てます。※

※キャンパスは東京がメインとなり、2年制の短期特進課程も新設します（4年制の1年次は千葉です）。2017年3月までは、赤坂「ユートピア活動推進館」、2017年4月より東京都江東区（東西線東陽町駅近く）の新校舎「HSU未来創造・東京キャンパス」がキャンパスとなります。

住所 〒299-4325 千葉県長生郡長生村一松丙 4427-1
TEL.0475-32-7770

幸福の科学グループの教育・人材養成事業

教育

学校法人 幸福の科学学園

学校法人 幸福の科学学園は、幸福の科学の教育理念のもとにつくられた教育機関です。人間にとって最も大切な宗教教育の導入を通じて精神性を高めながら、ユートピア建設に貢献する人材輩出を目指しています。

幸福の科学学園

中学校・高等学校（那須本校）
2010年4月開校・栃木県那須郡（男女共学・全寮制）
TEL **0287-75-7777**
公式サイト **happy-science.ac.jp**

関西中学校・高等学校（関西校）
2013年4月開校・滋賀県大津市（男女共学・寮及び通学）
TEL **077-573-7774**
公式サイト **kansai.happy-science.ac.jp**

仏法真理塾「サクセスNo.1」 TEL **03-5750-0747**（東京本校）
小・中・高校生が、信仰教育を基礎にしながら、「勉強も『心の修行』」と考えて学んでいます。

不登校児支援スクール「ネバー・マインド」 TEL **03-5750-1741**
心の面からのアプローチを重視して、不登校の子供たちを支援しています。
また、障害児支援の「ユー・アー・エンゼル！」運動も行っています。

エンゼルプランV TEL **03-5750-0757**
幼少時からの心の教育を大切にして、信仰をベースにした幼児教育を行っています。

シニア・プラン21 TEL **03-6384-0778**
希望に満ちた生涯現役人生のために、年齢を問わず、多くの方が学んでいます。

NPO活動支援

学校からのいじめ追放を目指し、さまざまな社会提言をしています。また、各地でのシンポジウムや学校への啓発ポスター掲示等に取り組む一般財団法人「いじめから子供を守ろうネットワーク」を支援しています。

ブログ **blog.mamoro.org**
公式サイト **mamoro.org**
相談窓口 TEL.**03-5719-2170**

幸福の科学グループ事業

政治

幸福実現党

内憂外患(ないゆうがいかん)の国難に立ち向かうべく、2009年5月に幸福実現党を立党しました。創立者である大川隆法党総裁の精神的指導のもと、宗教だけでは解決できない問題に取り組み、幸福を具体化するための力になっています。

幸福実現党 釈量子サイト
shaku-ryoko.net

Twitter
釈量子@shakuryoko
で検索

党の機関紙
「幸福実現NEWS」

幸福実現党 党員募集中

あなたも幸福を実現する政治に参画しませんか。

○ 幸福実現党の理念と綱領、政策に賛同する18歳以上の方なら、どなたでも党員になることができます。
○ 党員の期間は、党費(年額 一般党員5,000円、学生党員2,000円)を入金された日から1年間となります。

党員になると

党員限定の機関紙が送付されます(学生党員の方にはメールにてお送りします)。
申込書は、下記、幸福実現党公式サイトでダウンロードできます。

住所 〒107-0052
東京都港区赤坂2-10-8 6階
幸福実現党本部

TEL 03-6441-0754
FAX 03-6441-0764
公式サイト hr-party.jp
若者向け政治サイト truthyouth.jp

幸福の科学グループ事業

アー・ユー・ハッピー？
are-you-happy.com

ザ・リバティ
the-liberty.com

幸福の科学出版
TEL 03-5573-7700
公式サイト irhpress.co.jp

幸福の科学出版

大川隆法総裁の仏法真理の書を中心に、ビジネス、自己啓発、小説など、さまざまなジャンルの書籍・雑誌を出版しています。他にも、映画事業、文学・学術発展のための振興事業、テレビ・ラジオ番組の提供など、幸福の科学文化を広げる事業を行っています。

ザ・ファクト
マスコミが報道しない「事実」を世界に伝えるネット・オピニオン番組

ザ・ファクト 検索

ニュースター・プロダクション

ニュースター・プロダクション（株）は、新時代の"美しさ"を創造する芸能プロダクションです。2016年3月には、ニュースター・プロダクション製作映画「天使に"アイム・ファイン"」を公開しました。

公式サイト
newstar-pro.com

入会のご案内

あなたも、幸福の科学に集い、ほんとうの幸福を見つけてみませんか？

幸福の科学では、大川隆法総裁が説く仏法真理をもとに、「どうすれば幸福になれるのか、また、他の人を幸福にできるのか」を学び、実践しています。

入会

大川隆法総裁の教えを信じ、学ぼうとする方なら、どなたでも入会できます。入会された方には、『入会版「正心法語」』が授与されます。（入会の奉納は1,000円目安です）

ネットでも入会できます。詳しくは、下記URLへ。
happy-science.jp/joinus

三帰誓願

仏弟子としてさらに信仰を深めたい方は、仏・法・僧の三宝への帰依を誓う「三帰誓願式」を受けることができます。三帰誓願者には、『仏説・正心法語』『祈願文①』『祈願文②』『エル・カンターレへの祈り』が授与されます。

植福の会

植福は、ユートピア建設のために、自分の富を差し出す尊い布施の行為です。布施の機会として、毎月1口1,000円からお申込みいただける、「植福の会」がございます。

ご希望の方には、幸福の科学の小冊子（毎月1回）をお送りいたします。詳しくは、下記の電話番号までお問い合わせください。

月刊「幸福の科学」　ザ・伝道

ヤング・ブッダ　ヘルメス・エンゼルズ

INFORMATION

幸福の科学サービスセンター
TEL. 03-5793-1727（受付時間 火〜金:10〜20時／土・日・祝日:10〜18時）
幸福の科学 公式サイト **happy-science.jp**